EDIÇÕES VIVA LIVROS

Como atrair dinheiro

Escritor, professor e conferencista, Joseph Murphy (1898-1981) se tornou conhecido no mundo inteiro por seus best-sellers de motivação. O autor foi um grande conhecedor das leis mentais e espirituais e permanece até hoje como fonte de inspiração para uma legião de seguidores. Seus cursos sobre o poder do subconsciente sempre atraíram muitas pessoas e sua obra continua conquistando milhares de leitores.

Joseph Murphy

COMO ATRAIR
DINHEIRO

Tradução de
ANA ELISA FRAQUE

9ª edição

viva livros

RIO DE JANEIRO – 2025

CIP-BRASIL. CATALOGAÇÃO NA FONTE
SINDICATO NACIONAL DOS EDITORES DE LIVROS, RJ

M96c
9ª ed.

Murphy, Joseph, 1898-1981
  Como atrair dinheiro / Joseph Murphy; tradução de
Ana Elisa Fraque. – 9ª ed. – Rio de Janeiro: Viva Livros, 2025.
  12 × 18 cm

  Tradução de: How to Attract Money
  ISBN 978-85-8103-019-7

  1. Controle da mente. – I. Título.

12-5323

CDD: 158.1
CDU: 159.947

Como atrair dinheiro, de autoria de Joseph Murphy.
Título número 021 da Coleção Viva Livros.
Oitava edição impressa em janeiro de 2024.
Texto revisado conforme o Acordo Ortográfico da Língua Portuguesa de 1990.

Título original norte-americano:
HOW TO ATTRACT MONEY

Copyright © 1955 Joseph Murphy.
Direitos exclusivos em todos os idiomas para JMW Group.
Copyright da tradução © by Edições Viva Livros, um selo da Editora Best Seller Ltda.

www.vivalivros.com.br

Design de capa: Marianne Lépine sobre imagem Fotolia.
Trechos bíblicos extraídos de *Bíblia on line*. Tradução de João Ferreira de Almeida. www.bibliaonline.com.br

Todos os direitos reservados. Proibida a reprodução, no todo ou em parte, sem autorização prévia por escrito da editora, sejam quais forem os meios empregados.

Direitos exclusivos de publicação em língua portuguesa para o Brasil em formato bolso adquiridos pela Editora Best Seller Ltda. Rua Argentina 171 – 20921-380 Rio de Janeiro, RJ – Tel.: (21) 2585-2000 que se reserva a propriedade literária desta tradução.

Impresso no Brasil

ISBN 978-85-8103-019-7

Seu direito de ser rico

1

Ser rico é um direito seu. Você está destinado a ter uma vida abundante, alegre, radiante e livre. Para isso, deve possuir todo o dinheiro necessário a uma vida plena, feliz e próspera.

A pobreza não é uma virtude. A pobreza é uma doença da mente e deveria ser erradicada da face da Terra. Você está aqui para crescer, expandir-se, desdobrar-se espiritual, mental e materialmente. Você tem o direito inalienável de se desenvolver e se expressar em todos os sentidos. Deve rodear-se de luxo e beleza.

Por que ficar satisfeito apenas com o que precisa para sobreviver quando pode desfrutar de riqueza permanente? Neste livro você aprenderá a estabelecer uma amizade com o dinheiro e, assim, o terá sempre de sobra. O desejo de ser rico é o desejo de uma vida melhor, mais completa e feliz. É uma imposição cósmica. E é algo bom, muito bom.

Comece a ver no dinheiro seu verdadeiro significado — um símbolo de troca. Ele representa a sua libertação da necessidade; representa beleza, luxo, abundância e refinamento.

Ao longo deste capítulo, você provavelmente dirá: "Preciso de mais dinheiro" ou "Mereço um salário melhor."

Acredito que a maioria das pessoas não é remunerada como merece. Uma das razões pelas quais muitos não possuem mais dinheiro é que, de alguma maneira, silenciosa ou abertamente, eles o condenam. Referem-se ao dinheiro como "lucro sujo", ou acreditam que "o amor ao dinheiro é a raiz de todos os males." Outra razão para não prosperarem é a de um sentimento oculto e subconsciente de que há virtude na pobreza. Essa imagem pode estar relacionada à educação recebida na primeira infância, às crenças supersticiosas ou à equivocada interpretação das Escrituras.

Não há virtude na pobreza. A pobreza é uma doença como qualquer outra perturbação mental. Quando você fica doente, fisicamente doente, logo imagina que há algo errado e vai procurar ajuda, ou toma alguma providência para melhorar. Do mesmo modo, se o dinheiro não estiver circulando de maneira constante em sua vida, é sinal de que algo anda radicalmente errado com você.

O dinheiro é apenas um símbolo e ao longo do tempo tomou várias formas como meio de troca — sal, contas e objetos de todo tipo. No início dos tempos, a riqueza do homem era determinada pelo número de ovelhas ou bois que possuía. Hoje em dia é muito mais conveniente preencher um cheque do que carregar uma porção de carneiros para pagar as contas.

Deus não quer que você viva numa cabana nem que passe fome. Ele *quer* que seja feliz, próspero e bem-sucedido. Deus é bem-sucedido em todos os seus empreendimentos — seja criando uma estrela ou uma galáxia!

Você pode desejar dar a volta ao mundo, estudar arte em países estrangeiros, frequentar a universidade ou mandar os filhos a uma escola conceituada. Certamente deseja criar seus filhos em um ambiente agradável, onde possam aprender a apreciar a beleza, a ordem e a harmonia. Você nasceu para ter sucesso, triunfar, vencer todas as dificuldades e desenvolver plenamente todas as suas aptidões. Se falta dinheiro em sua vida, faça algo para mudar essa situação!

Descarte imediatamente todas as superstições referentes ao dinheiro. Nunca o considere um mal ou algo sujo. Se fizer isso, o dinheiro criará asas e voará para longe de você. Lembre-se de que você perde aquilo que condena.

Imagine, por exemplo, que você encontre ouro, prata, chumbo, cobre ou ferro no quintal. Consideraria isso ruim? Deus determinou que todas as coisas fossem boas. O mal nasce da compreensão obscura do homem, de sua mente não iluminada, de sua falsa interpretação da vida e da má utilização da Força Divina. Urânio, chumbo ou qualquer outro metal poderia ter sido escolhido para servir como moeda de troca. Usamos papel-moeda, cheques, etc. Certamente nenhum deles é um mal.

Hoje em dia, físicos e cientistas reconhecem que a diferença entre dois metais está relacionada ao número e à velocidade do movimento dos elétrons em torno de seu núcleo central. Por meio de um bombardeio de átomos num poderoso cíclotron, um metal pode ser transformado em outro. Sob determinadas circunstâncias, ouro transforma-se em mercúrio. Não tardará o dia em que ouro, prata e outros metais serão fabricados sinteticamente nos laboratórios químicos. Não vejo nada de reprovável nos elétrons, prótons ou isótopos.

O pedaço de papel no seu bolso é composto de elétrons e prótons distribuídos de forma específica quanto ao número e a sua aceleração, e essa é a única diferença entre o papel e as moedas que você carrega no bolso. Há quem diga: "Ah, as pessoas matam por dinheiro. Elas roubam." É verdade que o dinheiro está associado a inúmeros crimes, mas isso não o torna um mal.

Se um homem der 50 dólares para um outro matar alguém, ele estará fazendo um mau uso do dinheiro, utilizando-o para fins destrutivos. Do mesmo modo, a eletricidade pode ser utilizada para eletrocutar alguém ou para iluminar um lar. A água que mata a sede de uma criança pode ser usada para afogá-la. O fogo pode ser usado para aquecer ou para matar.

Se pegar um pouco de terra do jardim e colocá-la na sua xícara de café, isso seria terrível, embora a terra não seja má, nem o café. Porém, a terra estará sendo mal utilizada; seu lugar é no jardim.

Da mesma forma, espetar uma agulha no dedo não é culpa da agulha. Esse objeto deve ser espetado na almofada de alfinetes, e não em seu dedo.

Sabemos que as forças e os elementos da natureza não têm qualquer maldade intrínseca. Tudo depende do uso que fazemos deles.

Certa vez ouvi de um homem: "Estou falido. Não gosto de dinheiro, ele é a raiz de todos os males."

O amor ao dinheiro em detrimento de todas as outras coisas causa desequilíbrio. Você está neste mundo para usar seus dons e sua autoridade com sabedoria. Alguns almejam poder; outros, dinheiro. Se você se decide pelo dinheiro e diz: "É tudo o que quero. Toda a minha atenção ficará focada no acúmulo de riquezas; nada mais importa", é provável que você conquiste uma fortuna, mas estará esquecendo que está neste mundo para levar uma vida equilibrada. "Nem só de pão viverá o homem" (Lucas 4:4).

Se você faz parte de algum culto ou grupo religioso e se torna fanático, afastando-se dos amigos, da sociedade e das atividades sociais, você se tornará desequilibrado, inibido e frustrado. A natureza exige equilíbrio. Aquele que dedica todo o seu tempo a coisas externas e bens materiais sentirá falta de paz, harmonia, amor, alegria e saúde. Descobrirá que não pode comprar nada que seja real. Você pode acumular fortuna ou possuir milhões, e isso não é ruim ou condenável, mas o amor ao dinheiro acima de tudo causa frustração, desapontamento e desilusão; e aí está a raiz de todo o mal.

Ao tornar o dinheiro o seu único objetivo, estará fazendo a escolha errada. Você pode até pensar que isso era tudo o que desejava, mas no fim de todos os seus esforços, vai descobrir que não era só dinheiro que queria. O que realmente ambicionava era uma posição digna, paz de espírito e abundância. Você poderia possuir os milhões que quisesse, e ainda assim ter paz de espírito, harmonia, saúde e a presença de Deus.

Todos desejam ter dinheiro, e não apenas o suficiente para sobreviver. Aquele que deseja abundância e riqueza de sobra deveria obtê-la. Os sonhos, ambições e desejos de melhor alimentação, vestuário, moradia e melhores meios de transporte, expressão, procriação e abundância são inspirações divinas, e isso é algo bom. No entanto, podemos direcionar erroneamente esses impulsos, trazendo consequências negativas para nossas vidas.

O ser humano não tem uma natureza perversa; não há nele uma essência de maldade. O que existe é Deus, a Sabedoria Universal, a Vida, que procura expressar-se por intermédio do homem.

Por exemplo, um jovem deseja cursar a universidade, mas não tem dinheiro suficiente. Ele vê os outros rapazes da vizinhança indo para a faculdade, e o seu desejo aumenta. Ele diz para si mesmo: "Também quero estudar." E, para poder frequentar a universidade, comete um roubo. Seu desejo de estudar era fundamentalmente bom, mas ele o direcionou erroneamente ao violar as leis da sociedade, da harmonia cósmica e a regra de ouro, e isso lhe trará problemas.

Se esse jovem conhecesse as leis da mente e sua própria capacidade para usufruir da Força Espiritual a fim de ir para a universidade, estaria em liberdade em vez de estar na cadeia. Quem o levou à prisão? Ele mesmo se colocou lá. O policial que trancou a porta da cela foi apenas um instrumento das leis humanas que ele violou. Foi ele que primeiro se trancou em sua mente, ao roubar e lesar os outros. O medo e a culpa são a prisão da mente, antecedendo a prisão com muros de tijolos e pedras.

O dinheiro é um símbolo da opulência, da beleza, do refinamento e da abundância de Deus, e deve ser usado com sabedoria, de modo judicioso e construtivo, a fim de beneficiar a humanidade de diversas maneiras. É meramente um símbolo da saúde econômica de uma nação. Quando o sangue circula livremente pelo corpo, você está saudável. Quando o dinheiro circula livremente em sua vida, você está financeiramente sadio. Quando alguém começa a acumular dinheiro, a guardá-lo em cofres e a viver com medo de perdê-lo, implanta-se a doença financeira.

A crise econômica de 1929 foi um ataque de pânico psicológico, causado pelo medo que se apossou da mente de toda a população. Foi uma espécie de transe hipnótico negativo.

Vivemos num mundo subjetivo e objetivo. Não podemos negligenciar o alimento espiritual, como paz de espírito, amor, beleza, harmonia, alegria e riso.

O conhecimento da força espiritual é o Caminho Real da Riqueza de todos os tipos, sejam os seus desejos espirituais, mentais ou materiais. Quem estuda as leis da mente ou do princípio espiritual sabe que, a despeito da situação econômica, da flutuação do mercado de ações, das depressões, greves, guerras ou quaisquer outras circunstâncias, ele sempre estará amparado, independentemente da forma que o dinheiro possa assumir. A razão disso é a consciência da riqueza. Esse estudioso está convencido de que a riqueza flui constantemente na sua vida, proporcionando sempre uma abundância divina. Mesmo que amanhã ocorra uma guerra, fazendo com que todos os seus investimentos percam o valor, como aconteceu com o marco alemão após a Primeira Guerra Mundial, ele continuará atraindo riqueza e estará protegido, seja qual for a nova moeda.

A riqueza é um estado de consciência. É um condicionamento da mente à fluência divina. O pensador das leis da mente vê o dinheiro ou a riqueza como a maré, algo que se afasta, mas sempre retorna. A maré nunca falha, assim como também não falha o alimento daquele que confia numa Presença imortal, incansável e imutável, que flui incessantemente em sua Onipresença. Aquele que conhece o funcionamento do subconsciente não se preocupa com a situação econômica, com as flutuações da Bolsa de Valores, com a desvalorização ou a inflação da moeda, desde que esteja envolto na consciência da Providência divina. Esse homem é sempre abrigado e alimentado pela Presença transcendente. "Olhai para as aves do céu que não semeiam, não colhem, nem ajuntam em celeiros; e vosso Pai celestial as alimenta. Não tendes vós muito mais valor do que elas?" (Mateus 6:26).

Comungando conscientemente com a Presença divina, reconhecendo que Ela nos guia e orienta, que é um farol que ilumina cada passo e também é a luz do nosso caminho, você estará protegido e alcançará a prosperidade divina.

Esta é uma maneira simples de imprimir no subconsciente a ideia da fluência constante de riqueza: Pare as engrenagens de sua mente. Relaxe. Solte-se e imobilize sua atenção. Entre em um estado de sonolência e meditação, com o esforço reduzido ao mínimo, e então, de modo calmo, sereno e passivo, reflita sobre algumas verdades simples: De onde vêm as ideias? De onde vem a riqueza? De onde você veio? De onde vieram o seu cérebro e a sua mente? Você será levado de volta à Origem Única.

Agora, você se encontra em condições de trabalhar espiritualmente. Já não considera um insulto admitir que a inteligência é um estado de espírito. Memorize esta pequena frase e repita-a lentamente para si mesmo durante quatro ou cinco minutos, três ou quatro vezes ao dia, especialmente antes de dormir: "O dinheiro circula livre e constantemente na minha vida, e há sempre um excedente divino." Ao fazer isso com regularidade, a ideia de riqueza terá acesso à parte mais profunda da sua mente, e você desenvolverá a consciência de riqueza. A repetição mecânica da frase não conseguirá criar essa consciência. É preciso sentir a verdade daquilo que afirma. É preciso saber o que está fazendo e por que o faz. A mente profunda reage a tudo que conscientemente aceitamos como verdadeiro.

No início, as pessoas que estão em dificuldades financeiras não obtêm resultados com afirmações como "Sou rico", "Sou próspero", "Tenho sucesso". É possível até que isso provoque um agravamento de sua situação, simplesmente porque o subconsciente aceita apenas uma de duas ideias — aquela que é dominante. Quando alguém diz "Sou próspero", a sensação de falta é ainda maior e algo diz interiormente: "Não, você não é próspero, você está falido." O dominante, nesse caso, é a sensação de falta, por isso cada afirmação contrária traz à mente uma reação que produz ainda maior falta. A maneira para um iniciante ultrapassar esse impasse é fazer uma afirmação que tanto o consciente como o subconsciente possam aceitar como válida, de modo a não haver contradições. O subconsciente absorve as crenças, os sentimentos, as convicções, tudo o que aceitamos como verdadeiro.

É possível obter a colaboração do subconsciente dizendo: "Estou prosperando dia a dia", "Estou crescendo em sabedoria e riqueza diariamente", "Minha riqueza se multiplica a cada dia", "Estou avançando, crescendo e melhorando financeiramente". Esse tipo de afirmação não cria conflito na mente.

Um vendedor, por exemplo, com apenas 10 centavos no bolso, poderia concordar em que amanhã teria mais. Se vender um par de sapatos amanhã, nada o impede de dizer que suas vendas vão melhorar. Ele poderia dizer: "Minhas vendas estão aumentando diariamente", "Estou indo para a frente". Você verá que estas frases são psicologicamente aceitáveis para sua mente e produzem o resultado desejado.

Os estudiosos mais avançados espiritualmente dizem, com um sentimento de tranquila certeza: "Sou próspero", "Sou bem-sucedido, "Sou rico", e conseguem também excelentes resultados. Por quê? Porque ao pensar, sentir ou dizer "Sou próspero", reconhecem que Deus é a Fonte da Infinita Prosperidade e Tudo Supre e que o que vale para Deus vale para eles. Quando dizem "Sou rico", sabem que Deus é o Suprimento Infinito, o Tesouro Inexaurível, e o que vale para Deus vale para eles, pois Deus está dentro deles.

Muitos são os que conseguem excelentes resultados concentrando-se em três ideias abstratas: saúde, riqueza e sucesso. A *saúde* é uma realidade divina, uma qualidade de Deus; a *riqueza* é de Deus, eterna e infinita; e o *sucesso* também é de Deus, pois Ele é bem-sucedido em tudo o que empreende.

O meio de conseguir esses resultados fora do comum é se colocar frente ao espelho e repetir, por cinco ou dez minutos: "Saúde, Riqueza e Sucesso." Não se deve dizer "Sou saudável" ou "Tenho sucesso", para não criar oposição na mente. Mantenha-se tranquilo e relaxado para que a mente se torne receptiva e passiva, e então repita as três palavras. Os resultados irão surpreender você. O que está fazendo é se identificar com verdades que são eternas e imutáveis.

Você pode desenvolver uma consciência de riqueza. Coloque em prática os princípios enunciados e explicados neste livro e seu deserto se regozijará e florescerá.

Há muitos anos, na Austrália, trabalhei com um rapaz que desejava ser cirurgião, mas não tinha dinheiro para isso, e nem sequer havia terminado o ensino médio. Para se sustentar, limpava consultórios médicos, lavava janelas, e fazia outros bicos. Ele me contou que todas as noites antes de dormir, visualizava um diploma na parede, com seu nome em grandes letras de forma. Habituado a polir diplomas nos consultórios que limpava, não teve dificuldade em fixar a imagem em sua mente. Não sei por quanto tempo persistiu na visualização, mas deve ter sido por alguns meses.

Com a sua persistência, os resultados começaram a aparecer. Um dos médicos simpatizou com ele e, após ensiná-lo a esterilizar instrumentos, dar injeções hipodérmicas e realizar outros trabalhos de primeiros socorros, admitiu-o como auxiliar técnico em seu consultório. O médico o ajudou a completar o ensino médio e também custeou os estudos universitários.

Hoje em dia, esse jovem é um proeminente médico na cidade de Montreal, no Canadá. Ele tinha um sonho! Uma clara imagem em sua mente! *Sua riqueza estava em sua própria mente.*

Riqueza é a sua ideia, seu desejo, seu talento, sua vontade de servir, sua habilidade em ser útil à sociedade e seu amor pela humanidade em geral.

Sem saber, esse rapaz pôs em funcionamento uma grande lei. Troward disse: "Ao visualizar o objetivo, você forja os meios para realizá-lo." O *objetivo*, no caso deste rapaz, era ser médico. Ao imaginar, ver e sentir a realidade de ser um médico, ao viver com aquela ideia, sustentando-a, nutrindo-a e amando-a até que através de sua imaginação ela penetrasse nas camadas do subconsciente e se tornasse uma convicção, o jovem abriu o caminho para a realização do seu sonho.

Ele poderia ter dito: "Não tenho preparo", "Não conheço ninguém influente", "Não tenho mais idade para estudar", "Não tenho dinheiro, isso levaria vários anos e eu não sou inteligente". Ele teria fracassado antes de começar. Sua riqueza estava no uso da sua Força Espiritual, que reagiu aos seus pensamentos positivos.

Os meios ou a forma pelos quais nossas orações são respondidas sempre nos são ocultos, embora ocasionalmente possamos perceber parte do processo com a intuição. Os *caminhos* são desconhecidos, pois as leis espirituais estão além da nossa compreensão. Tudo o que temos a fazer é imaginar e aceitar o objetivo em nossa mente, e deixar sua realização aos cuidados da nossa sabedoria interior.

Muitas vezes nos perguntamos: "que devo fazer após meditar sobre o objetivo e aceitar meu desejo conscientemente?" A resposta é simples: sentimo-nos compelidos a fazer tudo o que for necessário para a realização de nosso ideal. A lei do subconsciente é compulsiva. A lei da vida é de ação e reação. O que fazemos é a reação automática aos movimentos íntimos da nossa mente, nossos sentimentos e convicções.

Há alguns meses, ao deitar-me para dormir, comecei a imaginar que estava lendo um dos meus livros mais populares, *A força do poder da fé*, em francês. Comecei a visualizar esse livro sendo distribuído em todas as nações de língua francesa. Fiz isso todas as noites, durante várias semanas, adormecendo com a edição imaginária de *A força do poder da fé*, em francês, nas mãos.

Pouco antes do Natal de 1954, recebi uma carta de uma grande editora de Paris que se propunha a publicar e promover *A força do poder da fé* em todos os países de língua francesa. Em anexo, enviaram um contrato para eu assinar.

Se me perguntassem o que fiz para obter a publicação do meu livro, além de rezar, teria de responder: "Nada!" A sabedoria subjetiva se encarregou de tudo e concretizou o meu desejo por seus próprios meios, que acabaram se revelando um método muito melhor do que qualquer outro que eu pudesse desejar conscientemente.

Todas as nossas ações são acionadas pela mente. A ação interior precede todas as exteriores. Sejam quais forem as providências tomadas por nós, elas fazem parte de um esquema que somos compelidos a executar, assim como tudo aquilo que parecemos realizar objetivamente.

A aceitação dos objetivos promove os meios para a sua realização. Ao acreditar que já alcançamos, conseguiremos o que desejamos.

Temos que parar de negar o nosso bem. Devemos compreender que a única coisa que nos separa da riqueza ao nosso redor é a nossa atitude mental ou a maneira que encaramos Deus, a vida e o mundo em geral. Acredite e aja na confiança positiva de que não existe motivo para que você não seja, tenha ou faça tudo aquilo que deseja através das leis de Deus.

O conhecimento sobre como a mente funciona é a sua salvação e redenção. Pensamento e sentimento são a sua meta. É o conhecimento que o faz possuidor de tudo. A consciência da saúde gera saúde; a consciência da riqueza gera riqueza. O mundo parece negar ou opor-se àquilo que você deseja; seus sentimentos às vezes se divertem e riem à sua custa.

Se disser a um amigo que está abrindo um negócio, talvez ele lhe dê diversos motivos para que seu negócio fracasse. Se você for impressionável, esses motivos podem provocar uma sugestão hipnótica e suscitar em sua mente a ideia do fracasso. À medida que se tornar consciente da força espiritual indivisível que reage ao seu pensamento, você rejeitará a escuridão e a ignorância do mundo e saberá que possui todos os instrumentos, a energia e o conhecimento necessários para ter êxito.

Para seguir pelo Caminho Real da Riqueza, você não deve colocar obstáculos e impedimentos no caminho dos outros, nem alimentar o ciúme ou a inveja. Ao aceitar esses estados mentais negativos, você se fere e se prejudica, pois vivencia essa negatividade. De acordo com o pensador Phineas Parkhurst Quimby, "a sugestão que você dá a outro é dada a você mesmo". Essa é a razão pela qual a lei da regra de ouro é cósmica, divina.

Decerto você já ouviu alguém dizer: "Aquele sujeito é um trapaceiro"; "É um chantagista"; "Ganha dinheiro de modo desonesto"; "É um estelionatário"; "Eu o conheci quando ele não tinha nada"; "É um manipulador, um ladrão, um vigarista". Se analisar aquele que faz esse tipo de afirmação, perceberá que esta pessoa está em má situação ou com algum sofrimento físico ou financeiro. Talvez os seus colegas de faculdade tenham se tornado bem-sucedidos e ele não, e agora ele sinta amargura e inveja do sucesso deles. Na maioria dos casos essa é a causa do seu próprio fracasso. Ao pensar mal dos antigos colegas de faculdade e condenar a riqueza deles, ele faz com que a riqueza e a prosperidade que deseja desapareçam. Está condenando aquilo que deseja. Ele está rezando em sentidos opostos. Por um lado, diz: "Deus, me dê prosperidade", e por outro, mesmo que não diga, pensa: "Eu me ressinto da riqueza de Fulano." Sempre invoque bênçãos ao próximo e se regozije com sua prosperidade e seu sucesso, pois, ao fazê-lo, atrairá prosperidade e sucesso para si mesmo.

Se for ao banco e vir seu concorrente fazendo um depósito vinte vezes superior ao seu, alegre-se e admire a abundância de Deus manifestando-se através de um de seus filhos. Assim estará abençoando e exaltando aquilo pelo que reza. Você multiplica aquilo que abençoa. Você perde aquilo que condena.

Se trabalha em uma grande empresa e se ressente por se considerar mal-remunerado e não ser valorizado como merece, inconscientemente você corta seus laços com a empresa. Coloca uma lei em funcionamento, e logo seu superior o chamará para dizer: "Somos obrigados a despedi-lo." Você mesmo terá causado a demissão. Seu superior será apenas o instrumento para confirmar o seu estado mental negativo. Em outras palavras, ele terá sido o mensageiro que concretizou aquilo que você concebera sobre si mesmo. Esse é um exemplo da lei de ação e reação. A ação foi o movimento interno de sua mente e a *reação* foi a resposta do mundo exterior, que corresponde ao seu pensamento mais profundo.

Talvez ao ler isso você se lembre de alguém que tenha enriquecido tirando vantagem de outras pessoas, enganando-as, propondo-lhes maus negócios. A resposta a isso é óbvia, pois se roubamos, trapaceamos ou fraudamos os outros, estamos fazendo o mesmo conosco. Entramos num estado de privação que acarretará perdas, que podem ser de vários tipos: de saúde, prestígio, paz de espírito, situação social, doença na família ou complicações no trabalho. A perda não necessariamente está ligada ao dinheiro. Há perdas que não podem ser medidas em cédulas e centavos.

Não é uma sensação maravilhosa poder deitar a cabeça no travesseiro à noite, sentindo-se em paz com o mundo inteiro, com o coração repleto de boa vontade em relação a todos? Há pessoas que acumularam dinheiro por meios errados, ludibriando os outros, trapaceando, enganando, e que pagaram um preço elevado por isso. Esse preço pode ser o de doenças físicas e mentais, complexos de culpa, insônia ou receios ocultos. Um homem me fez a seguinte declaração: "Sim, eu subi pisando nos outros. Consegui o que queria, mas tive câncer no caminho." Ele compreendeu que havia obtido sua riqueza de forma condenável.

É possível ser rico e próspero sem fazer mal a ninguém. Muitas pessoas estão constantemente roubando a si mesmas; furtam-se paz de espírito, saúde, alegria, inspiração e felicidade. Elas podem dizer que jamais foram roubadas, mas é verdade? Cada vez que nos ressentimos de outrem, cada vez que sentimos ciúmes ou inveja da riqueza e do sucesso dos outros, estamos roubando nossas próprias oportunidades. Esses sentimentos têm de ser banidos incisiva e decididamente. Não devem viver em nossas mentes, mas sim serem expulsos com a força do pensamento positivo.

Lembro-me de ter lido, no início da guerra, sobre uma mulher do Brooklyn, Nova York, que foi de loja em loja comprando todo o café que conseguiu. Sabia que o produto em breve seria racionado e estava temerosa de que não restasse o suficiente para ela. Comprou tanto quanto pôde e armazenou-o na adega. Na mesma noite foi à igreja e, ao voltar para casa, descobriu que sua porta tinha sido arrombada por ladrões que lhe roubaram, não só o café, mas prataria, dinheiro, joias e outros objetos de valor.

A boa mulher se lastimava, dizendo o que todos dizem em circunstâncias parecidas: "Por que isso tinha de me acontecer, e logo quando eu estava na igreja? Eu, que nunca roubei nada de ninguém..."

Seria verdade? Ela não estaria embebida da sensação de carência e medo quando começou a acumular seu suprimento de café? Esse sentimento foi suficiente para atrair a perda para o seu lar. Ela não precisou roubar uma loja ou um banco; seu medo da privação produziu-a. Esta é a razão pela qual muitos que são considerados "bons cidadãos" pela sociedade sofrem perdas. São bons no sentido mundano do termo, isto é, pagam seus impostos, obedecem às leis, votam com regularidade e são generosos com as campanhas de caridade; mas no fundo estão ressentidos com o próximo por sua propriedade, riqueza ou posição social. Se gostariam de se apoderar de dinheiro quando ninguém estivesse vendo, essa atitude por si só já é definitiva e positivamente um estado de carência. A pessoa que se deixa levar por tal estado mental pode atrair charlatães e trapaceiros que a envolverão e ludibriarão em qualquer transação.

Antes de sermos roubados no mundo exterior, nós mesmos já nos roubamos, pois sempre há um ladrão interior que precede o ladrão exterior.

Um homem pode ter um complexo de culpa e reprovar-se constantemente. Conheci alguém assim, um honesto caixa de banco. Ele nunca havia roubado um centavo, mas mantinha um romance ilícito. Sustentava outra mulher, relegando sua própria família. Vivia com medo de que o descobrissem, o que gerava um profundo sentimento de culpa. A culpa gera o medo, e o medo causa uma contração dos músculos e das membranas mucosas — ele teve uma sinusite aguda. A medicação lhe proporcionava apenas alívio temporário.

Expliquei a esse homem a causa das suas dificuldades e adverti-o de que sua cura dependia de ele abandonar o romance extraconjugal. Disse-me que não podia, que "ela era sua alma gêmea e que ele já havia tentado inutilmente". Condenava-se incessantemente.

Um dia, foi acusado por um dos diretores do banco de haver se apoderado de uma quantia, acusação bastante séria, baseada em provas circunstanciais. Foi dominado pelo pânico e compreendeu que a única razão pela qual era acusado erroneamente era o fato de que condenava-se o tempo todo intimamente. Verificou então como funciona a mente. Como resultado de se condenar seguidamente no plano interior, acabou sendo acusado no exterior.

Imediatamente rompeu suas ligações com a amante, levado pelo choque de se ver acusado de apropriação indébita, e começou prontamente a rezar para obter harmonia e compreensão entre ele e o diretor do banco. Começou por repetir para si próprio: "Não há nada oculto que não seja revelado. A paz reina soberana nas mentes e nos corações de todos."

A verdade prevaleceu. Todo o mal-entendido foi dissolvido à luz da verdade. O verdadeiro culpado do furto era outro jovem, que foi descoberto. O caixa do banco ficou sabendo que somente por meio da força da mente conseguiu salvar-se da prisão.

A grande lei é: "Pense a respeito dos outros exatamente da forma que você gostaria que pensassem a seu respeito. Sinta-se com relação aos outros da mesmíssima forma como gostaria que se sentissem com relação a você."

Diga do fundo do seu coração: "Desejo a cada um aquilo que desejo para mim mesmo. O desejo sincero de meu coração é, portanto, de paz, amor, alegria, abundância e bênçãos para todas as pessoas, em toda parte".

Rejubile-se e alegre-se com o progresso e a prosperidade de todos os homens. O que quer que deseje para si mesmo, deseje-o para todos, em toda parte. Se deseja felicidade e paz de espírito, que seus anseios de felicidade e paz de espírito sejam para todos. Jamais tente privar alguém de uma alegria, pois, se o fizer, estará privando dela a si mesmo. Quando uma boa maré vem para o seu amigo, vem para você também.

Se alguém for promovido em sua empresa, alegre-se e fique feliz. Felicite-o e rejubile-se com o seu progresso e com o reconhecimento de suas qualidades. Se você ficar aborrecido ou ressentido, prejudicará a si mesmo. Nunca tente impedir outra pessoa de receber o que lhe é direito: felicidade, sucesso, realização, abundância e tudo de bom.

Jesus disse: "Ajuntai para vós tesouros no céu, onde nem a traça nem a ferrugem os consomem e onde os ladrões minam nem roubam" (Mateus 6:20).

O ódio e o ressentimento deterioram e corroem o coração, enchendo-nos de cicatrizes, impurezas, toxinas e venenos.

Os *tesouros do céu* são verdades de Deus que possuímos na alma. Preencha a mente com paz, harmonia, fé, alegria, honestidade, integridade, ternura e gentileza. Assim, semeará seus tesouros no céu de sua própria mente.

Se está à procura de orientação sobre investimentos ou preocupado com suas ações e apólices, repita tranquilamente: "A Inteligência Infinita vigia e governa todas as minhas transações financeiras e tudo aquilo que eu fizer será orientado no sentido da prosperidade." Faça isso com frequência, e verificará que todos os seus investimentos serão sábios. Além disso, estará protegido contra prejuízos, pois se sentirá inclinado a agir adequadamente antes que a perda o atinja.

Recite diariamente esta oração para proteger seu lar, seus negócios e suas propriedades: "A Presença protetora que guia os planetas em seu curso e faz brilhar o sol guarda todas as minhas propriedades, meu lar, meus negócios e tudo o que é meu. Essa Presença é a minha fortaleza e o meu cofre, e nela estão seguros todos os meus bens. É maravilhoso!"

Relembrando-se diariamente dessa grande verdade e observando as leis do Amor, você será sempre orientado, protegido e prosperará de todas as formas. Nunca sofrerá perdas, pois escolheu a Força Mais Alta para ser seu Conselheiro e Guia. O manto do Amor Divino o envolve e cobre em todas as ocasiões. Você repousa nos Braços Eternos da Verdade.

Todos nós devemos procurar uma orientação íntima para nossos problemas. Se tiver um problema financeiro, repita a seguinte frase, antes de adormecer: "Agora dormirei em paz. Entrego o assunto ao Saber Elevado que existe dentro de mim, que conhece todas as respostas. Com o nascer do sol, pela manhã, surgirá a solução para o meu problema. Sei que a aurora nunca falha." Adormeça após repetir esta frase, sem remoer, rebuscar ou se exaltar com o problema. A noite é boa conselheira. Durma sobre o problema. O intelecto não pode resolver todas as dificuldades. Requisite a Luz necessária e lembre-se da aurora que sempre vem, dissipando as trevas. Faça com que seu sono de todas as noites seja venturoso.

Você não é vítima das circunstâncias, a não ser que acredite sê-lo. Pode reagir, enfrentar e vencer qualquer situação. Experimentará uma vida diferente se mantiver uma postura firme, apoiado no rochedo da Verdade espiritual, resoluto e confiante em seus propósitos e desejos íntimos.

As grandes lojas mantêm seguranças para evitar que haja roubo e eles pegam um determinado número de pessoas, diariamente, tentando levar algo sem pagar. Todas essas pessoas estão vivendo no espírito da carência e da limitação e estão roubando de si mesmas, atraindo para si todas as formas de perdas. Esses indivíduos carecem de fé e de compreensão do funcionamento de suas mentes. Se se dispusessem a desejar uma situação e apelassem para o manancial inesgotável da Verdade, encontrariam trabalho. Então, pela honestidade, integridade e perseverança, se tornariam dignas de si mesmas e da sociedade em geral.

Jesus disse: "Pois os pobres sempre os tendes convosco, mas a mim nem sempre me tendes" (Mateus 26:11). O *estado de pobreza* ou a consciência da carência estão sempre presentes em nós, no sentido de que, por mais ricos que sejamos, sempre há algo que desejamos com todo o coração. Pode ser a cura para um problema de saúde, talvez orientação para um filho ou uma filha, ou harmonia no lar — e naquele momento somos pobres.

Não saberíamos reconhecer a abundância se não tivéssemos consciência da miséria. "Não vos escolhi a vós os doze? Contudo um de vós é o diabo" (Mateus 6:70).

Seja o rei da Inglaterra ou o menino da favela, todos nascem destinados a sofrer limitações, através das quais crescem e se realizam. Ninguém poderia descobrir a Força Interior se não existissem os problemas e as dificuldades; esses *estados de pobreza* que nos espicaçam e obrigam a procurar a solução. Não poderíamos saber o que é a alegria se não fossem as lágrimas que vertemos na tristeza. Temos de estar cônscios da pobreza para procurar a libertação e ascender à opulência divina.

Os *estados de pobreza*, como o medo, a ignorância, a preocupação, a carência e a dor não são maus quando levam você a procurar o oposto. Quando você se perde, encontrando uma dificuldade após a outra; quando começa a se fazer perguntas negativas e desesperadas, como: "Por que será que tudo isto me acontece?," "Por que será que o azar parece me perseguir?", a luz penetrará na sua mente. Através de seu sofrimento, miséria ou dor, você descobrirá a verdade que o libertará.

"Doces são os usos da adversidade, qual sapo feio e peçonhento que ostenta na cabeça preciosa joia", escreveu Shakespeare.

Pela insatisfação, somos levados à satisfação. Todos os que estudam as leis da vida ficam insatisfeitos com algo. Todos tiveram algum problema ou dificuldade que não puderam resolver, ou não se contentaram com as respostas humanas aos desafios da vida. E todos encontraram sua resposta na Presença Eterna que existe dentro de cada um — a pérola de alto valor, a joia preciosa. A Bíblia diz: "Busquei ao Senhor, e ele me respondeu, e de todos os meus temores me livrou" (Salmos 34:4).

Quando realizar sua ambição ou desejo, se sentirá satisfeito apenas por um breve período de tempo. Depois, a ânsia de expansão surgirá novamente. É a Vida procurando expressar-se em seu mais alto nível através de você. Quando um desejo é satisfeito, surge outro e depois outro, até o infinito. Estamos aqui para crescer. A Vida é progressão — não é estática. Estamos aqui para marchar de glória em glória. Não há fim para essa marcha, pois a glória de Deus é infinita.

Somos todos pobres, no sentido de estarmos eternamente procurando mais luz, mais sabedoria, mais felicidade e maior alegria na vida. Como tudo isso é infinito, nunca poderemos exaurir, na Eternidade, a glória, a beleza e a sabedoria que se encontram dentro de nós — de tão maravilhosos que somos.

No estado absoluto, tudo tem fim. Porém, no mundo relativo, temos de ser despertados para aquela glória que já era nossa antes do mundo. Por mais sábios que sejamos, estamos sempre procurando mais saber — portanto, ainda somos pobres. Por mais inteligentes que sejamos no campo da matemática, da física ou da astronomia, apenas desvendamos o verniz da superfície — ainda somos pobres. Nossa jornada nos leva sempre para a frente, para cima e para a Eternidade. É verdadeiramente um processo de despertar, com o qual nos damos conta de que a criação está terminada. Quando compreendemos que Deus tem que crescer, expandir-se ou estender-se, começamos gradualmente a acordar do sono da limitação e a tornar-nos vivos em Deus. À proporção que as camadas de medo, ignorância e transe caem de nossos olhos, começamos a ver a realidade como Deus enxerga. A cegueira é removida aos poucos e começamos a ver o mundo exatamente como Deus o fez, pois começamos a vê-lo através dos Seus próprios olhos. Então, você diz: "É chegado o Reino dos Céus" (Mateus 4:17).

Alimentemos o "pobre" que está dentro de nós; vistamos as ideias nuas e demos-lhes forma com a crença na realidade da ideia, confiantes de que o grande Fabricante que está dentro de nós lhe dará forma e a tornará concreta. Então nossa palavra (ideia) se transformará em carne (tomará forma). Quando temos fome (estados de pobreza), procuramos alimento. Quando preocupados, procuramos tranquilidade. Quando doentes, procuramos saúde e, quando enfraquecidos, procuramos forças. Nosso desejo de prosperidade é a voz interior dizendo-nos que a abundância nos pertence. Portanto, através de nossos estados de pobreza, encontramos incentivo para crescer, expandir-nos e concretizar e realizar nossos desejos.

A dor que você sente no ombro é uma bênção disfarçada; ela lhe diz que é preciso tomar uma providência imediata. Se não houvesse dor ou indicação do mal, algo muito ruim poderia ocorrer com seu braço. A dor é um sistema de alarme de Deus que lhe indica a necessidade de procurar Paz e Força Curativa, de sair da escuridão para a Luz. Quando sentimos frio, acendemos uma fogueira. Quando temos fome, comemos. Quando nos falta algo, devemos entrar numa consciência de opulência e fartura. Devemos imaginar o objetivo alcançado e rejubilarmo-nos com ele. Imaginando o objetivo alcançado e sentindo-o como verdadeiro, fabricamos os meios para sua realização.

Quando estiver preocupado e receoso, supra sua mente com as grandes Verdades que resistiram aos séculos e durarão para sempre. Poderá, então, obter conforto espiritual meditando sobre os grandes salmos. Por exemplo: "O Senhor é meu pastor; nada me faltará"; "Deus é meu refúgio, minha salvação; a quem temerei?"; "Deus é o auxílio sempre presente na hora do perigo"; "Ele me cobrirá com Seu manto e me protegerá"; "Um com Deus *é* maioria"; "Se Deus estiver do meu lado, quem poderá ficar contra mim?"; "Tudo faço com a força que Deus me proporciona". Deixe que as vibrações positivas destas verdades invadam sua mente e seu coração, e elas expulsarão todos os receios, dúvidas e preocupações, por meio deste processo meditativo.

Absorva outra grande verdade espiritual: "Um coração feliz torna o semblante alegre"; "Um coração feliz é uma festa contínua"; "Um coração feliz age como um remédio benfazejo; um espírito aflito resseca o corpo"; "Portanto, lembra-te de que podes pôr em ação os dons Divinos, que tens dentro de ti". Comece *agora mesmo* a colocar em ação os dons Divinos rejeitando completamente a evidência dos sentidos, a tirania e o despotismo da mentalidade terrena, e reconheça em toda sua plenitude a Força interna que existe dentro de você, como a Causa única, a Força única e a Presença única. Saiba que ela é uma Força benéfica e que reage ao seu incentivo. "Invoque a noite e a noite o cobrirá." Apele para essa Força com devoção, certeza, confiança e amor, e ela reagirá trazendo-lhe amor, paz, orientação e prosperidade.

Ela será seu Conforto, seu Guia, seu Conselheiro e seu Pai eterno. Você dirá então: "A Verdade é Amor. Encontrei-a, e ela me livrou de todos os receios." Você caminhará por pradarias verdejantes, onde a abundância e todas as riquezas de Deus circulam livremente através de você.

Repita para si mesmo, com franqueza e alegria, durante o dia: "Caminho todo o dia consciente da Presença da Força de Deus", "Sua plenitude circula em mim todo o tempo, preenchendo todos os vazios de minha vida".

Quando estiver pleno do sentimento de ser aquilo a que aspira, seus desejos serão realizados. Há vazios em sua vida? Repense a saúde, a riqueza, o amor e a autoexpressão. Está inteiramente satisfeito em todos os campos? Ou está faltando algo em um deles? Tudo o que desejar, seja o que for, se enquadra em uma dessas quatro classificações.

Se declarar: "Tudo o que desejo é verdade ou sabedoria", expressará o desejo de todas as pessoas, em toda parte. Isso é o que todos desejam, embora possam enunciá-lo de forma diferente. A verdade e a sabedoria são o anseio máximo de todo ser humano, anseio esse que se enquadra na classificação de autoexpressão. Cada qual deseja expressar-se de forma mais completa e divina.

Através da carência, da limitação e dos problemas, você cresce na Luz Divina, descobrindo-se a si mesmo. Não existe outra forma para o descobrimento do Eu.

Se sua força interior não pudesse ser usada de duas maneiras, você nunca descobriria a si mesmo, nem chegaria a compreender a lei que o governa. Se se sentisse compelido a ser bom ou a amar, esse amor não seria verdadeiro. Seria um autômato. Ao contrário, você tem toda a liberdade de amar ou não amar. Pode dar o seu amor ou guardá-lo para si. Se for compelido a amar, então não há amor.

Quando uma pessoa lhe diz que o ama e o deseja, não se sente lisonjeado? Ela o escolheu dentre todas as pessoas do mundo. Não teria que amá-lo. Se fosse forçada a isso, você não se sentiria lisonjeado nem feliz.

Você é livre para escolher entre ser um assassino ou um homem santo. Esta é a razão pela qual homens como Lincoln, entre outros, são tão elogiados. Decidiram pelo bem, e são festejados pela escolha. Se acreditarmos que as circunstâncias, as condições, os acontecimentos, a idade, a raça, a orientação religiosa ou o ambiente de nossa infância podem eliminar a possibilidade de sermos felizes e prósperos na vida, então seremos todos ladrões e assaltantes.

Para expressar felicidade e prosperidade, basta que nos sintamos felizes e prósperos. A sensação de riqueza produz riqueza, pois os estados de consciência sempre se manifestam. Esta é a razão da frase: "Tudo o que me aparece (sensações) são ladrões e assaltantes." Sensação é a lei, e a lei é sensação.

Sua ânsia de prosperidade é realmente uma promessa divina de que a Riqueza celestial pode lhe pertencer — aceite essa promessa sem qualquer reserva.

Quimby assemelhava suas preces à atuação de um advogado defendendo uma causa diante do juiz. Esse grande mestre das leis da mente dizia que podia provar a inocência do réu, demonstrando que o indivíduo era apenas vítima de mentiras ou falsas crenças.

Você é o juiz; você mesmo dá o veredicto e determina sua própria liberação. Os pensamentos negativos de carência, pobreza e fracasso são todos falsos e mentirosos, pois nada há para comprovar sua veracidade.

Só existe uma Força espiritual, uma causa original. Por isso, pare de dar força às condições, circunstâncias e opiniões alheias. Dê toda a força ao Poder Espiritual que reside em você, sabendo que ele reagirá satisfatoriamente aos pensamentos de abundância e prosperidade. Reconhecendo a supremacia do Espírito e a Força de seus próprios pensamentos ou imagens mentais, estará no caminho da opulência, da liberdade e da satisfação constante. Aceite a ideia de uma vida perfeita e abundante em sua mente, e essa aceitação mental, mesclada a uma expectativa de riqueza, encontrará suas próprias formas de expressão. À proporção que ingressar no estado de espírito da opulência, tudo que é necessário à vida abundante começará a acontecer. Você é agora o juiz que chega a uma decisão na corte de justiça da mente. Da mesma forma que Quimby o fazia, terá apresentado provas irrefutáveis, demonstrando como funcionam as leis da mente e estará livre de receios. Terá condenado e exterminado todos os pensamentos de medo e superstição que existem na mente.

O medo é o que nos leva a agir; não é realmente mau, pois serve para nos dizer que devemos nos movimentar em sentido contrário, no sentido da fé em nós mesmos e em todos os valores positivos.

Faça desta frase a sua oração diária; guarde-a em seu coração: "Deus é a fonte dos meus suprimentos. Sua riqueza flui em mim de forma profusa, copiosa e abundante. Tenho permanente consciência do meu real valor. Partilho os meus talentos com generosidade e sou recompensado de forma divinamente maravilhosa. Muito obrigado, Pai!"

Você jamais lerá a sua oração diária
quando a cumpre com fé. "Deus é o Forte
dos meus suspiros", sua oração fluirá
uma de forma profunda, copiosa e abundante. Tenha benignamente consciência de
seu real valor. Paraíllosos meus, o amor
com generosidade e ser correspondido de
forma dinamente maravilhosa. Rumo a
obra-de-Pai."

O caminho da riqueza

2

A riqueza está na mente. Imagine por um momento que o diploma de um médico fosse roubado, junto com o equipamento de seu consultório. Estou certo de que todos concordariam que a riqueza desse médico está em sua mente. Ele poderia continuar seu trabalho, diagnosticando doenças, prescrevendo remédios, operando e fazendo conferências sobre assuntos médicos. O que havia sido roubado eram apenas símbolos, que podiam ser substituídos. Sua riqueza encontrava-se em sua capacidade mental, seu conhecimento sobre tratar doentes e sua habilidade de contribuir para o bem da humanidade em geral.

Sempre se é rico quando se tem o desejo de contribuir para o bem da humanidade. O anseio de servir, de colocar os seus talentos ao serviço dos outros, sempre encontrará resposta no coração do universo.

Conheci um homem em Nova York durante a crise financeira de 1929 que perdeu tudo o que tinha, incluindo a casa e as economias de toda sua vida. Conheci-o após uma conferência feita por mim em um dos hotéis da cidade. Ele me disse: "Perdi tudo. Juntei 1 milhão de dólares em quatro anos. Farei isso outra vez. Tudo o que perdi foi um símbolo. Posso atrair de novo o símbolo da riqueza, da mesma forma como o mel atrai as moscas."

Acompanhei a carreira desse homem durante alguns anos a fim de descobrir a fórmula do seu sucesso. Pode parecer estranha para você, mas é uma fórmula muito antiga. O nome que ele deu a ela foi "Transformar água em vinho!". Ele havia lido essa passagem da Bíblia e compreendeu que estava ali a solução para ter saúde perfeita, felicidade, paz de espírito e prosperidade.

O *vinho*, na Bíblia, representa a realização dos desejos, anseios, planos, sonhos etc., ou seja, em outras palavras, aquilo que você deseja alcançar, concretizar e criar.

A *água* refere-se geralmente à mente ou à consciência. A água toma a forma de qualquer recipiente em que é despejada. Do mesmo modo, aquilo que você sente e acredita se manifestará em seu mundo. Assim, você sempre transformará água em vinho.

A Bíblia foi escrita por homens iluminados; ela ensina psicologia prática e um modo de vida. Um dos princípios fundamentais da Bíblia é o que afirma ser você quem determina, molda, funde e forma seu próprio destino, por meio de pensamentos, sensações e crenças. Ele ensina que é possível resolver qualquer problema, ultrapassar qualquer situação e que você nasceu para ser bem-sucedido, para vencer e triunfar. Para descobrir a Estrada Real da Riqueza e receber a força e a segurança necessárias para progredir na vida, é preciso deixar de interpretar a Bíblia da maneira tradicional.

O homem que se encontrava em uma crise financeira repetia frequentemente para si mesmo, nos tempos de escassez: "Posso transformar água em vinho!" Essas palavras significavam para ele: "Posso trocar as ideias de pobreza da minha mente pela realização dos meus desejos e necessidades atuais, que são riqueza e segurança financeira."

Sua atitude mental (água) era: "Uma vez fiz fortuna honestamente. Posso fazê-lo outra vez (vinho)." Sua afirmativa constante consistia em "Atraí o símbolo (dinheiro) uma vez, estou atraindo-o de novo. Sei disso e sinto que é verdade (vinho)".

Esse homem foi trabalhar como vendedor em uma empresa de produtos químicos. Lá, começou a ter ideias para melhorar a promoção dos produtos. Em pouco tempo, tornou-se vice-presidente da empresa. Em quatro anos, chegou à presidência da companhia. Sua atitude mental constante era: "Posso transformar água em vinho!"

Veja a história da transformação da água em vinho do Evangelho de João de uma forma simbólica e repita para si mesmo, como fazia o vendedor de produtos químicos: "Posso tornar visíveis as ideias, os anseios, os sonhos e os desejos invisíveis que tenho, porque descobri uma simples lei universal da mente."

A lei por ele demonstrada era a da ação e reação. Isso significa que o mundo exterior — o corpo, as circunstâncias, o ambiente e a situação financeira — é sempre um reflexo fiel de seus pensamentos íntimos crenças, sentimentos e convicções. Sendo assim, você deve procurar mudar seus padrões de pensamento, buscando viver imerso em ideias de sucesso, riqueza e paz de espírito. Focando a mente nesses conceitos positivos, eles vão gradualmente criar raízes na consciência, como sementes plantadas na terra. Assim como as sementes (pensamentos e ideias) germinam e dão frutos, o mesmo acontecerá com seus pensamentos habituais, que se manifestarão em prosperidade, sucesso e paz de espírito. O pensamento sábio (ação) é seguido pela ação correta (reação).

Você pode conseguir riquezas quando tomar consciência do fato de que a prece é uma festa de casamento. A *festa* é psicológica — você medita (banqueteia-se mentalmente) sobre sua bondade ou seu anseio, até fundir-se com o objeto de sua meditação.

Vou contar-lhes agora uma história verídica, de como uma jovem realizou seu primeiro milagre transformando "água em vinho". Ela gerenciava um bonito salão de cabeleireiro. Sua mãe adoeceu, e ela foi forçada a ficar muito tempo em casa, cuidando da doente, e acabou deixando o trabalho de lado. Durante sua ausência, dois funcionários desviaram dinheiro. Ela foi à falência, perdeu a casa e viu-se crivada de dívidas. Desempregada, não tinha como pagar as contas do hospital.

Expliquei a essa jovem a fórmula mágica de transformação da água em vinho. Deixei claro que por *vinho* devia entender a resposta às suas orações ou a concretização de seu ideal.

Ela estava em conflito com o mundo exterior. "Olhe para os fatos", dizia, "perdi tudo; o mundo é cruel. Não posso pagar minhas contas. Não posso rezar, pois perdi toda a esperança." Estava tão absorta e envolvida no mundo material, que havia esquecido completamente a causa interna de sua situação. À medida que conversávamos, ela começava a entender que precisava resolver as contradições de sua mente.

Seja qual for seu desejo ou ideal ao ler este livro, você também encontrará em sua mente um pensamento ou ideia que a ele se oponha. Se o seu desejo for de saúde, por exemplo, talvez haja simultaneamente vários outros pensamentos em sua mente: "Não tenho cura"; "Tentei, mas estou pior"; "Isso de cura espiritual é complicado demais para mim." Ao analisar-se, não é comum encontrar uma espécie de luta em sua mente? Como aquela jovem, você considera que há elementos e circunstâncias exteriores que se opõem ao seu desejo de expressão, riqueza e paz de espírito.

A verdadeira prece ensina a resolver o conflito mental. Na oração, você "escreve" aquilo em que *acredita* em sua própria mente. O filósofo Emerson disse: "O homem é o espelho daquilo em que pensa durante todo o dia." Seus pensamentos habituais constroem suas crenças. Ao repetir certo tipo de pensamento, você estabelece opiniões e crenças bem definidas na mente profunda, chamada subconsciente. A partir daí, essas crenças e opiniões dirigem e controlam todas as ações. Compreender esse processo e aplicá-lo é o primeiro passo para transformar "água em vinho", ou seja, transformar a carência e a privação em abundância e opulência. O homem que ignora sua força espiritual está, portanto, sujeito a pensamentos negativos, à carência e à privação.

Abra agora mesmo a Bíblia e realize seu primeiro milagre, exatamente como fez a moça do salão de cabeleireiro. Você pode fazê-lo.

Entretanto, se você ler a Bíblia como um mero livro que narra acontecimentos históricos, estará negligenciando o ponto de vista espiritual e mental das leis da mente, que é o que deve nos interessar nesse livro.

Tomemos esta passagem: "E no terceiro dia fizeram-se umas bodas em Caná da Galileia; e estava ali a mãe de Jesus" (João 2:1). *Galileia* significa sua mente ou consciência. *Caná* representa seu desejo. A *boda* é puramente mental, ou seja, a materialização subjetiva do seu desejo. Esta bela e completa representação da prece é um drama psicológico em que todos os personagens são sensações e ideias existentes dentro de cada um.

Um dos significados de Jesus é raciocínio iluminado. A *mãe de Jesus* simboliza o sentimento, os estados de espírito ou as emoções que se apossam de nós.

"E foi também convidado Jesus e os seus discípulos para as bodas" (João 2:2). Seus *discípulos* são as forças e faculdades internas que possibilitam a cada um a realização de seus desejos.

"E, tendo acabado o vinho, a mãe de Jesus lhes disse: Eles não têm vinho" (João 2:3). *Vinho*, como já vimos, representa a prece atendida ou a manifestação dos desejos e ideais de cada um na vida. Como vemos, portanto, esse é um drama que se desenrola diariamente na vida de todos.

Quando se quer alcançar algo como a jovem queria — encontrar trabalho, sustento e solução para os problemas –, surgem sempre sugestões desanimadoras como: "Não há esperança. Tudo está perdido.

Não consigo. Não há salvação." Essa é a voz do mundo exterior, dizendo-lhe: "Eles não têm vinho", ou "Olhe para os fatos". Essa é a voz de sua sensação de falta, de limitação.

Como enfrentar o desafio das circunstâncias e situações? Agora você já está se familiarizando com as leis da mente, que nos dizem: "Exatamente aquilo que penso e sinto reflete-se em meu mundo exterior, isto é, meu corpo, minhas finanças, meu ambiente, minha posição social e todas as fases de minhas relações com o mundo e as outras pessoas." Seus pensamentos e imagens mentais dirigem, controlam e governam o plano externo de sua vida.

A Bíblia diz: "Como imaginou no seu coração, assim é ele" (Provérbios 23:7). O *coração* é um termo caldeu que significa "subconsciente". Em outras palavras, seus pensamentos devem atingir níveis subjetivos mais profundos, utilizando a força de seu *eu* subliminar.

O destino de cada um é feito de pensamentos e sensações. O pensamento carregado de sentimento e de interesse invariavelmente se torna subjetivo, manifestando-se em seu mundo. A *prece* é um casamento do pensamento com a sensação ou da ideia com a emoção. É uma "festa de bodas".

Qualquer ideia ou aspiração mental sentida com intensidade, como se fosse verdadeira, torna-se realidade — seja ela boa, má ou indiferente. Conhecendo a lei que transformará em realidade tudo aquilo que você imagina e sente, poderá começar a disciplinar a mente.

Sempre que a sensação de carência, medo, dúvida ou desespero (eles não têm vinho) surgir em sua mente, rejeite-a de imediato, focalizando prontamente a atenção na prece atendida, ou seja, na realização de seu desejo.

As declarações encontradas, na Bíblia, em João 2:4, "Ainda não é chegada a minha hora" e "Mulher, que tenho eu contigo?", são expressões orientais, idiomáticas e figurativas.

Parafraseando essa citação, *mulher* significa o sentimento negativo em que nos deixamos envolver. Tais sugestões negativas não possuem qualquer força ou realidade, porque nada há que as apoie.

Uma sugestão de carência não tem força; a força reside em nossa própria sensação, em nosso próprio pensamento.

O que significa Deus para você? *Deus* é o Nome dado à Única Força Espiritual. *Deus* é a Única Fonte Invisível de onde tudo flui.

Quando seus pensamentos são construtivos e harmoniosos, a força espiritual, em resposta ao seu pensamento, flui em harmonia, saúde e abundância. Pratique a maravilhosa disciplina de rejeitar todo e qualquer pensamento de carência pelo imediato reconhecimento da força espiritual e sua reação de obediência aos pensamentos construtivos e à capacidade de imaginação. Assim, estará praticando a verdade contida nestas palavras: "Mulher, que tenho eu contigo?" (João 2:4).

Lemos: "Ainda não é chegada a minha hora" (João 2:4). Isso significa que, embora ainda não tenhamos chegado a uma convicção ou a um estado de espírito positivo, sabemos que estamos no caminho certo, pois estamos dirigindo nossa mente para os ideais, objetivos e propósitos positivos na vida. Tudo aquilo em que a mente se foca é multiplicado e ampliado, até que por fim esta se identifica com o novo estado de consciência. Nesse ponto, então, estamos condicionados positivamente, enquanto que antes tal condicionamento era negativo.

O homem espiritual, utilizando-se da prece, transfere-se de um ambiente de carência para outro de confiança, paz e fé em sua força espiritual. Uma vez que a fé e a confiança se encontram na Força Espiritual, sua mãe (sensações e estados de espírito) registra um sentimento de triunfo ou vitória, e todo esse conjunto lhe trará a solução ou a resposta à sua prece.

Os *jarros* da história bíblica referem-se aos ciclos mentais que ocorrem no homem para promover a realização subjetiva de seus desejos. O tempo consumido pode ser um instante, uma hora, uma semana ou um mês, dependendo do grau de confiança e do estado de consciência do indivíduo.

Na prece, devemos, antes de mais nada, limpar a mente de falsas crenças, receios, dúvidas e ansiedades, desligando-nos inteiramente da evidência sensorial e do mundo exterior. Recolhidos à paz e à quietude de nossas mentes, cujas engrenagens fizemos parar propositadamente, começamos então a meditar sobre a alegria da prece atendida até que se forme uma certeza íntima que nos dá a sensação de *saber que sabemos*. Quando conseguirmos fundir-nos, entrosar-nos, com nosso desejo, formando *um só*, teremos atingido o estado de casamento mental, ou seja, as bodas ideais da sensação com a ideia.

Com certeza você deseja casar-se com (unificar-se com) a saúde, a harmonia, o sucesso e a realização de todas as suas aspirações. Cada vez que você faz uma prece, está tentando realizar a *festa das bodas de Caná* (realização de seus desejos ou ideais), está desejando identificar-se mentalmente com os conceitos de paz, sucesso, bem-estar e saúde perfeita.

"E encheram-nas até em cima" (João 2:7). Os *seis jarros* representam sua própria mente no ato criador mental e espiritual. É preciso que a mente fique repleta, cheia *até em cima*, o que significa que precisamos ficar completamente saciados da sensação de ser aquilo que desejamos. Quando conseguirmos preencher a mente com o ideal que esperamos ver realizado ou expressado, estaremos então cheios "até em cima". Nesse ponto podemos cessar as preces, pois já sentimos a realidade em nossa mente. Já *sabemos!* Atingimos aí um estado total de consciência — estamos em paz.

"E ele lhes disse: Tirai agora e levai ao chefe dos serventes" (João 2:8). Tudo o que for impregnado em seu subconsciente invariavelmente se concretiza no mundo exterior. Como consequência, quando atingimos um estado de convicção de que nossa prece será atendida, estamos dando o comando: "Levai ao chefe dos serventes."

Estamos sempre comandando nossa festa mental. Durante o dia, centenas de pensamentos, sugestões, opiniões, visões e sons chegam às nossas mentes, aos nossos olhos e ouvidos. Podemos rejeitá-los, como inadequados para o consumo mental, ou aceitá-los, à nossa escolha. A consciência, a razão e o intelecto são os donos da festa. Quando escolhemos conscientemente aceitar, meditar, banquetear-nos com determinada ideia e imaginar o desejo de nosso coração como verdadeiro, ele se torna vivo e se integra em nossa mentalidade, de forma que nosso subconsciente o materialize e lhe dê expressão. Isso quer dizer que tudo aquilo que imprimimos no nosso interior se expressará objetivamente. Os sentidos ou a mente consciente projetam a concretização de nossos anseios. Quando o consciente dá conta do processo "água transformada em vinho", entra no estado de espírito da prece atendida. A *água* poderia ser considerada também a força espiritual amorfa e invisível, a consciência incondicionada. O *vinho* é justamente a consciência condicionada, ou seja, as crenças e convicções que emanam da mente.

Os *servos* que recolhem água para nós representam paz, confiança e fé. De acordo com a força de nossa fé ou nossas sensações, o bem é atraído para nós.

Procure, portanto, assimilar os princípios espirituais que são discutidos neste livro; procure estimá-los, apaixonar-se por eles. No primeiro milagre realizado por Jesus, aprendemos que a prece é uma festa de bodas — ou seja, a unificação da mente com os seus desejos.

O amor é a realização da lei. O amor é, na verdade, um apego emocional, uma sensação de unificação com o que nos é caro. Devemos ser leais àquilo que amamos. Devemos ser leais aos nossos objetivos ou ideais. Quando flertamos ou mantemos uma união mental com o medo, a dúvida, a preocupação, a ansiedade ou as falsas crenças, não estamos sendo leais ao objeto de nosso amor. O amor, portanto, é de unificação, um estado de realização.

Quando esta representação simples foi explicada à jovem do salão de cabeleireiro, ela se tornou mentalmente rica. Compreendeu o significado e tratou de pô-lo em prática em sua vida.

Ela sabia que a *água* (sua própria mente) fluiria e encheria todos os *jarros vazios*, em resposta ao seu novo modo de ver e sentir a realidade.

À noite, a jovem ficava imóvel, com o corpo completamente relaxado, e começava a utilizar a mente para formar uma série de imagens construtivas, seguindo as seguintes fases:

Primeira fase: Começava a imaginar o gerente do seu banco felicitando-a pelos volumosos depósitos feitos por ela. Mantinha essas imagens na mente por cinco minutos.

Segunda fase: Em sua imaginação, ouvia sua mãe dizendo-lhe: "Sinto-me tão feliz com a sua nova situação." Continuava a ouvir essa frase na voz da mãe, com uma entonação alegre e feliz, durante três a cinco minutos.

Terceira fase: Imaginava vividamente a cerimônia de seu casamento, ouvindo de forma distinta a voz do juiz a dizer com solenidade: "Eu vos declaro marido e mulher." Completada essa rotina, adormecia, sentindo-se inteiramente satisfeita, isto é, invadida pela sensação de alegria da prece atendida.

Nada aconteceu durante três semanas. Na realidade, a situação piorou muito, mas ela perseverou, recusando-se a reconhecer o fracasso. Sabia muito bem que para crescer espiritualmente precisava, ela também, realizar seu primeiro milagre, transformando seu medo em fé e sua sensação de carência em outra de opulência e prosperidade — transformando a consciência (água), nas situações, circunstâncias e experiências que desejava vivenciar.

Consciência, Certeza, Realidade, Princípio, Espírito, ou o que quer que o chamemos, esse Elemento é a causa de tudo, pois é Presença e Força. A Força Espiritual que existe dentro de nós é a causa e a substância de tudo e em tudo se manifesta: nos pássaros, nas árvores, nas estrelas, no sol, na lua, na terra, no ouro, na prata e na platina. É a causa e a substância de todas as coisas — "Nenhuma outra existe".

Depois de compreender isso, a jovem sabia que a *água* (consciência) poderia tornar-se um elemento provedor, na forma de dinheiro, posição social, expressão verdadeira, saúde para sua mãe, companheirismo e uma vida repleta de significado. Vislumbrou de repente essa verdade — simples mas profunda — e declarou: "*Aceito* tudo de bom que me é destinado."

Nesse ponto já sabia que nada nos pode ser ocultado. Deus está dentro de nós, aguardando ser descoberto e trazido à tona.

Em menos de um mês, essa jovem casou-se e ouviu o juiz pronunciar as mesmas palavras que havia tantas vezes imaginado em seu estado de meditação e relaxamento: "Eu vos declaro marido e mulher!"

Recebeu do marido, de presente de núpcias, um cheque de 24 mil dólares e uma viagem ao redor do mundo. Sua nova função como especialista em beleza era a de enfeitar sua casa e seu jardim e fazer com que o deserto de sua mente se rejubilasse e florisse como as rosas.

Ela havia transformado "água em vinho". A *água* (sua consciência) ficou carregada ou condicionada por sua constante e sincera imaginação da felicidade. Essas imagens, quando mantidas regular e sistematicamente, com plena convicção na força criadora da mente profunda, desabrocham da escuridão (subconsciente) e vêm à luz, concretizadas no mundo exterior.

Há, no entanto, uma regra importante: Não expor esse filme recém-revelado à luz nociva do medo, da dúvida, do desespero e da preocupação. Sempre que esses sentimentos baterem à sua porta, apele imediatamente para o filme que se revelou em sua mente e repita convicto: "Um lindo filme está se revelando neste momento na câmara escura da minha mente". Envolva mentalmente esse filme em sua sensação de alegria, fé e compreensão, sabendo que está pondo em ação uma maravilhosa lei psicológica e espiritual, que pode ser assim enunciada: Toda impressão se expressará!

A seguir, fornecerei um caminho certeiro para obter o desenvolvimento e a manifestação de riqueza material e das provisões necessárias em todos os dias de nossas vidas. Se aplicada sincera e honestamente, esta fórmula proporcionará ampla recompensa no plano material.

Vou dar como exemplo a história de um homem que me procurou, desesperado, em Londres, envolvido em dificuldades financeiras. Era membro da igreja anglicana e havia se dedicado, até certo ponto, ao estudo do funcionamento do subconsciente.

Aconselhei-o a repetir frequentemente durante o dia: "Deus é a fonte da minha abundância, e todas as minhas necessidades são saciadas, em todos os momentos no tempo e pontos no espaço." Aconselhei-o ainda a refletir sobre toda a vida animal deste mundo e sobre todas as galáxias do espaço, que são regidas e protegidas por uma Infinita Inteligência; sobre a exuberância da Natureza; sobre os peixes do mar e os pássaros do ar, que têm, todos, suas necessidades plenamente satisfeitas.

Ele começou a dar-se conta de que desde o seu nascimento sempre havia recebido cuidados. Alimentado pela mãe, vestido pelo pai e vigiado com amor e ternura por seus pais.

Raciocinou e chegou à conclusão de ser ilógico pensar que o Princípio da Vida, que lhe deu alento e sempre cuidou dele, poderia repentinamente cessar de agir em seu favor. Compreendeu que ele mesmo havia cortado suas fontes de suprimento ao tomar uma atitude negativa para com seu patrão e para consigo mesmo, condenando-se e criticando-se por sua própria sensação de falta de valor. Havia rompido psicologicamente o cordão que o ligava à Infinita Fonte de todos os suprimentos — o Espírito da Vida Interior, o Princípio da Vida, também chamado "Consciência" ou "Certeza".

Sem demora, arranjou um emprego que lhe proporcionaria ótimo salário.

O ser humano não se alimenta como os pássaros. Ele precisa comungar conscientemente com a Força e a Presença Interiores, para delas receber orientação, vitalidade, força e tudo o mais necessário à satisfação de suas necessidades.

Esta foi a fórmula usada pelo homem de Londres para transformar a água no vinho da abundância e do sucesso financeiro. Ele compreendeu que Deus ou sua Força Espiritual era a causa de tudo e entendeu também que, se conseguisse incutir na mente a ideia de que a riqueza lhe pertencia por direito inalienável, provocaria a manifestação da abundância.

A afirmação que utilizou foi: "Deus é a força do meu sustento. Todas as minhas necessidades são satisfeitas a cada momento no tempo e no espaço, havendo sempre um excedente tranquilizador." Esta afirmativa simples, repetida com frequência, condicionou sua mente, de forma inteligente, a uma consciência de prosperidade.

Tudo o que teve que fazer foi incutir no subconsciente esta ideia positiva, da mesma maneira que um bom vendedor tem que acreditar nos méritos do seu produto. O vendedor deve estar convencido da integridade da empresa para a qual trabalha, da alta qualidade do produto, dos bons serviços que prestará ao comprador, além de outros fatores como preço etc.

Eu havia orientado meu amigo londrino a não lutar com os pensamentos negativos que porventura surgissem em sua mente. Esses pensamentos negativos certamente ocorreriam, mas em vez de combatê-los, ele deveria simplesmente apelar para a fórmula mental, repetindo tranquila e apaixonadamente a afirmativa que havia sido combinada.

Os pensamentos negativos o atingiam muitas vezes em verdadeiras avalanches, formando torrentes de negatividade. Cada vez que isso acontecia, enfrentava a torrente com uma leal e firme convicção positiva: "Deus satisfaz a todas as minhas necessidades, deixando sempre um excedente tranquilizador em minha vida."

Contou-me que, enquanto dirigia ou se ocupava de afazeres em sua jornada habitual, uma série de conceitos negativos invadia sua mente em determinados momentos, sussurrando-lhe: "Não há esperança", "Você está falido". Cada vez que surgiam esses pensamentos negativos, recusava-se a admiti-los mentalmente e apelava para a Eterna Fonte de riqueza, saúde e tudo o mais que acreditava constituir seu próprio tesouro espiritual. Declarava decidido e com firmeza: "Deus é a fonte de meu sustento, e sinto que essa fonte me pertence!" Ou então: "Há uma solução Divina. A riqueza de Deus é a minha riqueza". E outras afirmações positivas, que carregavam sua mente com esperança, fé e expectativa e acabavam por dar-lhe a convicção de possuir uma fonte inesgotável de riquezas, que proveria copiosamente todas as suas necessidades.

Os fluxos de pensamentos negativos podiam assaltá-lo com muita frequência todas as vezes que ele se recusava a abrir a porta de sua mente a esses gângsteres assassinos e ladrões que só visavam a roubar-lhe a paz, a riqueza, o sucesso e todas as coisas boas do espírito. Ao contrário, ele abria as portas da mente à ideia do Princípio Vital Eterno e Divino, invadindo-o com riqueza, saúde, energia, poder e todos os elementos necessários a uma vida feliz e repleta de significado.

Continuando com essa prática, já no segundo dia menos pensamentos negativos bateram à sua porta; no terceiro dia, o fluxo deles diminuiu; no quarto dia, tornaram-se intermitentes, com esperança de serem admitidos, mas recebendo a mesma resposta mental: "É proibida a entrada! Só aceito pensamentos e conceitos que ativem, curem, abençoem e inspirem minha mente!"

Recondicionou sua consciência — ou mente — a uma ideia de riqueza. Os pensamentos negativos, como o medo, a carência, a preocupação e a ansiedade, não encontravam ressonância em sua mente. Tinha-se tornado imune, embebido em Deus e tomado de uma fé divina numa crescente consciência de abundância e de sucesso financeiro.

Esse homem não perdeu o que tinha, nem foi à falência. Obteve crédito, seus negócios melhoraram, novas oportunidades surgiram e ele prosperou.

Lembremo-nos sempre de que na prece devemos ser leais ao nosso ideal, ao nosso objetivo e ao nosso propósito. Muitas pessoas falham na busca do sucesso financeiro por fazerem suas preces com a mente seguindo duas direções opostas. Afirmam que Deus é o seu provedor e que estão prosperando maravilhosamente, mas alguns minutos mais tarde negam tudo, dizendo: "Não posso pagar esta conta", "Não posso dar-me ao luxo de possuir isto ou aquilo", "O azar me persegue", "Jamais consigo equilibrar minhas finanças", ou "Nunca tenho o bastante para terminar o mês". Todas estas declarações são altamente destrutivas e neutralizam as preces positivas. É a isso que se chama "preces paralelas".

Devemos ter fé em nosso plano ou objetivo. Devemos ser leais ao nosso conhecimento da força espiritual. Precisamos abolir completamente os casamentos negativos, isto é, deixar de nos aliar e identificar com pensamentos negativos, receios e preocupações.

A prece é como o capitão que orienta o curso do navio. É preciso ter um destino. Precisamos saber exatamente aonde nos dirigimos. O capitão do navio, guiado pelas leis da navegação, regula o seu rumo. Se o navio for desviado de sua rota por uma tempestade ou pela violência das ondas, o capitão calmamente o reconduz à rota originalmente traçada.

Você é o capitão no comando de seu barco. Você é quem dá ordens para estabelecer a rota de sua vida, por meio de seus pensamentos, sensações, opiniões, crenças, estados de espírito e atitudes mentais. Mantenha seus olhos fixos no farol. *Siga a sua visão* e deixe de fixar-se nos obstáculos, demoras e impedimentos que o levarão a afastar-se de seu curso. Seja firme e definitivo. Decida a sua meta, sabendo que sua atitude mental é o barco que o levará do estado de carência e privação ao estado e à sensação de opulência e à convicção de que a lei de Deus funciona inexoravelmente a seu favor.

Quimby, que era médico, estudioso e professor de assuntos relacionados às leis da mente, dizia: "O homem age de acordo com os estímulos que recebe." Que estímulos você está recebendo neste momento? O que determina a sua reação à vida? A resposta é a seguinte: suas ideias, convicções e opiniões ativam sua mente e o condicionam a ponto de torná-lo o que Quimby chamava "a expressão de suas convicções". Isso ilustra a veracidade de sua outra frase: "O homem é o retrato de suas convicções."

Outra frase popular de Quimby era: "Nossas mentes se fundem como atmosferas, e cada pessoa tem sua identidade influenciada pela atmosfera em que vive." Na infância, estamos sujeitos à atmosfera geral do lar, ao estado de espírito dominante no ambiente, às convicções e sensações ali existentes. Os receios, ansiedades, superstições, convicções e a fé religiosa dos nossos pais ficam impregnados em nossas mentes.

Uma criança, quando educada num lar atingido pela miséria, onde nunca houve o suficiente para viver, se habitua a ouvir constantes queixas de falta e privação.

Pode-se dizer, como faz Salter em sua terapêutica de reflexo condicionado, que a criança estava condicionada à pobreza. Mais tarde, o jovem poderá sofrer de um complexo de pobreza, causado pela atmosfera em que foi criado, impregnado de experiências e convicções negativas. No entanto, ele poderá libertar-se de tudo isso, alçando-se acima de qualquer situação, por meio da força da prece.

Conheci um rapaz de 17 anos nascido em Hell's Kitchen (Cozinha do Inferno), em Nova York. Esse rapaz assistiu a uma série de palestras minhas naquela cidade e compreendeu que era uma vítima do pensamento negativo e destrutivo, e que, se não tratasse de reorientar sua mente no caminho construtivo, seria escravizado pelo medo, pelo fracasso, pelo ódio e pela inveja. "O homem age de acordo com os estímulos que recebe."

É evidente, como dizia Quimby, que, se a pessoa não cuidar de sua própria casa (mente), cairá na propaganda hipnótica do medo, das falsas convicções e das preocupações materiais.

Nossas mentes estão imersas em velhas crenças na doença, na morte, na infelicidade, nos acidentes, nos fracassos e em desastres diversos. Devemos procurar seguir a injunção bíblica: "Saí do meio deles e apartai-vos" (2 Coríntios 6:17). Devemos identificar-nos mental e emocionalmente com as Verdades Eternas que resistiram à prova do tempo.

O jovem de quem falava resolveu pensar e agir por si próprio. Decidiu enveredar pela Estrada Real da Riqueza, aceitando de uma vez por todas a abundância de Deus e impregnando sua mente com ideias e conceitos espirituais. Ao fazê-lo, sabia que automaticamente expulsaria todos os padrões negativos.

Resolveu adotar um processo simples, chamado "imaginação científica". Possuidor de uma bela voz, nunca havia tentado desenvolvê-la ou treiná-la.

Expliquei-lhe que a imagem em que sua mente se fixasse seria desenvolvida em seu subconsciente e se concretizaria. Ele compreendeu de que se tratava de uma lei mental — a lei da ação e reação — isto é, a reação do subconsciente ao quadro mental composto no consciente.

O jovem habituou-se a sentar em silêncio em seu quarto, relaxava todo o corpo e imaginava-se vividamente cantando diante de um microfone. Concentrava-se tanto na imagem, que chegava a estender as mãos para pegar o microfone e tinha a sensação de tocá-lo. Depois, imaginava que era felicitado pelo maravilhoso contrato que havia assinado e pela beleza de sua voz. Dedicando toda a sua atenção a essa imagem mental de forma regular e sistemática, conseguiu gravar uma profunda impressão em seu subconsciente.

Pouco tempo depois, um professor italiano de canto conheceu-o e percebeu seu potencial, passando a lhe dar aulas regulares e gratuitas.

Em pouco tempo, ele conseguiu um contrato para o exterior, com apresentações na Europa, na Ásia e na África do Sul. Foi o fim de suas preocupações financeiras, pois o salário era muito bom. Seu talento oculto e sua habilidade para exteriorizá-lo constituíam sua verdadeira riqueza.

Deus nos dá talento e força. Cabe a nós revelá-los.

Você se lembra de haver se perguntado alguma vez: "Como poderei ser mais útil ao meu semelhante?" ou "Como poderia contribuir mais para o bem da humanidade?"

Um pastor amigo meu contou-me das dificuldades financeiras por que passaram ele e a igreja, no início de sua carreira.

O processo por ele empregado foi repetir uma oração simples com a qual conseguiu milagres: "Deus me revela a melhor maneira de apresentar a Verdade Divina aos meus semelhantes." Os donativos jorraram, a hipoteca foi paga em poucos anos e desde então ele nunca mais teve preocupações com dinheiro.

Ao ler este texto, você aprendeu que os sentimentos, os estados de espírito e as convicções sempre controlam e governam o seu mundo exterior. O movimento da mente controla o mundo exterior. Para mudar o exterior, você precisa primeiramente mudar o interior. "Assim na terra como no céu!" — ou seja, na sua mente como no seu corpo, no seu tempo e no seu espaço.

A Bíblia diz: "Nada há encoberto que não haja de ser descoberto" (Lucas 12:2). Por exemplo, se você estiver doente, estará revelando um padrão mental e emocional que é a causa da doença. Se você está aborrecido ou recebeu notícias trágicas, revela-o na face, nos olhos, gestos, tom de voz, pose e maneira de andar. Em realidade, todo o seu corpo revela seu sofrimento. Você poderá, naturalmente, com disciplina mental e prece, manter-se absolutamente sereno e tranquilo, negando-se a trair externamente seu estado de espírito e seus sentimentos. Poderá ordenar aos músculos de seu corpo que se relaxem, se acalmem e se mantenham quietos. O corpo obedece à mente. Seus olhos, face e lábios não revelarão qualquer sinal de aborrecimento, raiva ou tristeza. Com disciplina, por meio de orações e da meditação, você poderá mudar o seu estado. Mesmo quando tiver recebido más notícias, você poderá expressar alegria, paz, descontração e um até bom humor, de tal maneira que ninguém suspeitará que recebeu notícias ruins.

Sejam quais forem as notícias que tenha recebido hoje, você pode colocar-se diante do espelho, examinar seu rosto, seus lábios, olhos e gestos, visualizando e dizendo que acabou de saber que ganhou uma fortuna.

Dramatizando o fato, sentindo-o e exultando com ele, notará como todo o seu corpo reage à euforia interior.

Você pode inverter qualquer situação por meio da oração. Ocupe a mente com os conceitos de paz, sucesso, riqueza e felicidade. Identifique-se mentalmente com esses conceitos.

Visualize como você deseja ser e retenha essa imagem; retenha-a com alegria, fé e expectativa, pois, desse modo, você conseguirá experimentar sua manifestação.

Costumo dizer às pessoas que me consultam a respeito de dificuldades financeiras: "Case-se com a riqueza!" Alguns percebem logo a ideia, e outros não.

Como sabem todos os estudiosos da Bíblia, o cônjuge de cada um é aquilo a que cada um se aliou mentalmente, aquilo com que cada um se juntou, se unificou.

Em outras palavras: tornamos real tudo aquilo que imaginamos. Se você se convencer de que o lugar é cruel, frio, rude, um lugar em que uns devoram os outros, esse conceito é *seu* — você está se casando com ele e dessa união nascerão filhos. O produto de um casamento mental desse tipo serão suas experiências e circunstâncias ao longo dos acontecimentos de sua vida. Todas as suas experiências e reações à vida serão um retrato fiel das ideias que as geraram.

Repare na diversidade de companhias com que vive o ser humano: medo, dúvida, ansiedade, crítica, ciúme e raiva. Sentimentos que criam o caos na mente.

Case com a riqueza, declarando de modo sincero e convicto: "Deus supre todas as minhas necessidades com a riqueza de sua glória." Ou então adote a seguinte declaração, repetindo-a diversas vezes com toda a convicção, até que sua consciência esteja condicionada ou que ela se torne parte de sua meditação: "Estou inteiramente realizado e tenho uma renda maravilhosa." Entretanto, não repita isso como um papagaio, e sim sabendo que seu pensamento está sendo gravado em seu subconsciente, à proporção que se torna um estado condicionado de consciência. Permita que a frase se encha de significado para você, impregnando-a de vida, amor e sentimento, para que se torne realidade.

Um rapaz que assistiu à minha série de palestras abriu recentemente um restaurante. Telefonou-me para dizer que havia se casado com um restaurante — querendo dizer que havia decidido ter muito sucesso, sendo diligente e perseverante para que seu negócio pudesse prosperar. A esposa desse rapaz (esposa mental) era sua convicção na realização de seu desejo.

Identifique-se com seu objetivo na vida e cesse de unir-se a críticas, autocondenações, raivas, receios e preocupações. Dedique toda sua atenção ao ideal escolhido, enchendo-se de fé e confiança na lei inevitável da prosperidade e do sucesso. Você nada alcançará amando seu ideal por um minuto e negando-o no minuto seguinte.

Isso dá no mesmo que misturar um ácido com um alcaloide, do que resulta uma substância inerte. Ao escolher a Estrada Real da Riqueza, deve acreditar firmemente no ideal escolhido (seu cônjuge).

Encontramos várias passagens na Bíblia que se relacionam com estas verdades. Por exemplo: "E da costela que o Senhor Deus tomou do homem, formou uma mulher" (Gênesis 2:22). *Sua costela* é o seu desejo, ideia, plano, conceito, finalidade ou objetivo na vida.

Eva significa a emoção, a sensação ou o estado de espírito. Isso quer dizer que você sempre tem que perfilhar a ideia. A ideia precisa de pais, precisa ser amada e sentida como verdadeira, a fim de concretizar seu objetivo na vida.

A *ideia* é o pai e a *emoção* é a mãe; este é o casamento que se está sempre realizando em sua mente.

O filósofo russo Ouspensky falava de um terceiro elemento que acompanha a união dos desejos e das sensações. Chamava-o de elemento neutro. Podemos chamá-lo "paz", pois Deus é Paz.

A Bíblia diz: "E o governo estará sobre os seus ombros" (Isaías, 9:6). Em outras palavras, a Sabedoria Divina será seu guia. Deixe que a Sabedoria subjetiva dentro de você guie, oriente e governe todos os seus passos. Entregue-se a essa Presença Interior, sabendo no coração e na alma que ela dissipará sua ansiedade, curará seus males e restaurará a constância e a tranquilidade em sua alma. Abra a mente e o coração e diga: "Deus é meu piloto. Ele me guia. Ele me faz prosperar e é meu conselheiro." Dia e noite, faça a seguinte prece: "Sou um canal em que a riqueza divina flui incessante, copiosa e livremente." Inscreva essa frase no coração e na mente. Mantenha-se sintonizado com a glória de Deus!

Aquele que não conhece o funcionamento de sua mente está sempre sobrecarregado de inquietação e preocupações, pois não aprendeu a transferir essa carga à Presença Interior, o que libertaria da mesma facilmente.

O monge zen, a quem o discípulo perguntou "O que é a Verdade?", respondeu de forma simbólica, retirando o fardo que levava às costas e colocando-o sobre o chão.

O discípulo perguntou-lhe então: "Mestre, como funciona?"

O monge, sempre em silêncio, retomou o fardo, colocou-o de volta às costas e partiu pela estrada cantando baixinho.

O *fardo* é o seu problema. Você o transfere à Sabedoria subjetiva, que tudo conhece e tudo sabe realizar, possuindo todas as respostas.

Recolocar o fardo às costas significa que, embora eu continue com o problema, estou agora mentalmente descansado e aliviado da carga, pois invoquei a Sabedoria Divina para agir em meu nome. Por isso, posso cantar o triunfo, sabendo que a resposta à minha prece está a caminho. Canto, portanto, de alegria pelo bom encaminhamento do problema. É maravilhoso.

"Todo homem põe primeiro o vinho bom e, quando já têm bebido bem, então o inferior; mas tu guardaste até agora o bom vinho" (João, 2:10).

Esta verdade bíblica acontece com todo aquele que se inicia no conhecimento das leis da mente. Ele se lança em campo com espírito elevado e grandes ambições. É como a vassoura nova que varre muito bem, e está repleto de boas intenções, mas muitas vezes se esquece da Fonte da força. Não se mantém fiel ao Princípio que a habita, que é efetivo, e que o salva de suas experiências negativas e o conduz ao caminho da liberdade e da paz de espírito. Começa a distrair-se mental e emocionalmente com ideias e pensamentos estranhos ao seu objetivo original. Assim, não é fiel ao ideal que desposou.

É preciso se convencer de que seu eu interior aceitará todos os seus pedidos e, sendo o grande criador, os atenderá, realizando o que você deseja, por meio de suas próprias fórmulas. Para isso, você só precisa lançar seu pedido com fé e confiança, da mesma forma que lança uma semente na terra ou envia uma carta a um amigo, sabendo que a resposta virá sem falta.

Você já esteve entre dois grandes rochedos e ouviu o eco de sua voz? O Princípio da Vida que existe em nós responde da mesma forma. *Você* ouvirá o eco de sua própria voz. A sua *voz* é o movimento de sua mente — é a sua jornada psicológica, em que você se banqueteou mentalmente com uma ideia, até ficar satisfeito; e depois descansou.

Conhecendo essa lei e sabendo utilizá-la, certifique-se de que jamais se deixará embriagar por poder, arrogância, orgulho ou presunção. Utilize essa lei para fazer o bem, curar, inspirar e elevar os outros e a você mesmo.

Geralmente usamos erroneamente a lei, aproveitando-nos de maneira egoísta de nosso semelhante. No entanto, quando o fazemos, prejudicamo-nos e atraímos o mal para nós mesmos. O poder, a segurança e a riqueza não são obtidos externamente. Surgem do tesouro da eternidade que reside em nós. Devemos compreender que o *bom vinho* está sempre presente, pois Deus é a Presença Eterna. Qualquer que seja a situação atual, você pode provar que a sua riqueza está sempre presente, afastando-se mentalmente do problema e elevando-se acima dele.

Elevar-se acima do problema é visualizar o seu tesouro, embeber-se do novo conceito de si mesmo, unificar-se com ele e manter o estado de felicidade. Para isso, é preciso conservar-se fiel, repleto de fé durante todo o caminho, sabendo que o vinho da alegria, a prece atendida, está prestes a ser alcançado. "Chegou o dia da salvação." "O reino dos céus está próximo." "Soubeste manter o bom vinho até o fim."

Neste momento, você pode viajar mentalmente e, por meio da imaginação, entrar em qualquer estado de espírito desejado. A riqueza, a saúde ou o que sonha realizar são invisíveis no início. Tudo surge do invisível. Você precisa possuir a riqueza subjetivamente, antes de poder possuí-la objetivamente. A sensação de riqueza produz riqueza, pois este é um estado de espírito ou de consciência.

Estado de consciência é a maneira como você sente, pensa e acredita. É aquilo que você aceita mentalmente.

Uma professora da Califórnia, com um salário anual de 5 ou 6 mil dólares, parou numa vitrine para examinar um belo casaco de arminho, cujo preço era 8 mil dólares. "Levarei anos para economizar o suficiente para comprá-lo. Nunca terei um desses. Oh, como eu o queria!", disse ela. Frequentava nossas palestras nas manhãs de domingo, e lá aprendeu que poderia possuir o casaco, um carro ou qualquer outra coisa que desejasse, sem prejudicar a quem quer que fosse na face da Terra.

Pedi que imaginasse que estava vestida com o casaco, que podia sentir a maciez da pele de arminho e o bem-estar proporcionado pela roupa. Passou a aplicar a força da imaginação todas as noites, antes de dormir. Vestia o casaco imaginário, acariciava-o como uma criança faz com seu brinquedo. Continuou fazendo isso e assim foi sentindo entusiasmo.

Todas as noites adormecia com o casaco imaginário e sentia-se satisfeita por possuí-lo. Passaram-se três meses e nada aconteceu. Ela esteve prestes a desistir, mas lembrava a si própria que é a persistência que leva à realização. "Aquele que perseverar até o fim será salvo" (Mateus 10:22).

A solução virá para quem não vacila, mas segue sempre adiante, guiado pelo perfume da Presença Divina. A solução virá para os que caminham iluminados pela convicção de que "Tudo está concretizado!" Você estará sempre usando o *perfume da Presença Divina* que o mantém em um estado de expectativa feliz, sabendo que a solução está a caminho. Você já a vislumbrou no plano invisível e *sabe* que a enxergará no visível.

A sequência da encenação mental da professora é curiosa. Um domingo pela manhã, após nossa palestra, um homem pisou-lhe o pé acidentalmente. Ao se desculpar, ofereceu-lhe para levá-la para casa. Ela aceitou de bom grado. Pouco tempo depois, ele pediu-a em casamento, deu a ela um anel de brilhantes e disse: "Vi um belo casaco e acho que você ficaria linda nele!" Era o mesmo casaco que ela admirava havia três meses. (O vendedor comentou que muitas clientes ricas haviam admirado o casaco, mas por uma razão ou outra acabavam escolhendo outra peça.)

Use a sua capacidade de escolha, imagine a realidade daquilo que escolheu, e com fé e perseverança você *pode* atingir o seu objetivo na vida. Todas as riquezas do universo se encontram dentro de você, aguardando serem liberadas. Paz, alegria, amor, orientação, inspiração, boa vontade e abundância, tudo existe dentro de você. A única condição para que as riquezas de Deus se manifestem é abandonar o seu estado atual (sua limitação) e entrar numa visão ou quadro mental, num estado de espírito alegre e feliz, unificando-se com o seu ideal.

Quem viu e sentiu o seu tesouro em momentos de elevada exaltação sabe que em breve o verá concretizado. No exterior como no interior. Embaixo como no alto. Na terra como no céu. Em outras palavras, você verá sua fé manifestada. O ser humano *é* a expressão de sua fé!

~

viva livros

Este livro foi composto na tipografia Minion Pro Regular, em corpo 15,5/24,6, e impresso em papel off-set no Sistema Digital Instant Duplex da Divisão Gráfica da Distribuidora Record.